창조문학대표시인선 · 315

# 노을의 노래

솔향 김현숙

두 번째 시집

창조문학사

□ 시인의 말

비어가는 감성을 아쉬워하며
남은 날 중에 가장 젊은 오늘
저무는 저녁,
지는 노을에 기대어 쓴
동심 깃든 시 모음입니다.

독자 여러분에게
친근하고 다정한 위로가 되길 바라며
마음 다해 담았습니다.

　　　　　　　　　　- 비단산에서 솔향 드림

노을의 노래
김현숙 시집

[ 차 례 ]

☐ 시인의 말
☐ 서 시 「노을의 노래」
☐ 작품 해설 /생명력 있는 구원의 시, 성찰의 삶 흔적 남기다 - 한 화 덕

## 1부. 나의 기도, 나의 시

글 꽃 ································ 2
나의 시 ······························ 3
새해 기도 ··························· 4
새벽 기도 ··························· 5
어찌하리오 ························· 6
겨울나기 ···························· 7
마음 빈자리 ······················· 8
시 쓰는 마음으로 ············· 9
파란 꽃소식 오던 날 ······· 10
마음의 호수 문예반 ········· 11

노을의 노래
김현숙 시집

## 2부. 노을의 노래

저녁노을 ··································· 14
세월 흐르니 그대도 흘러 ············· 16
낙화의 독백 ······························· 17
황혼에는 ··································· 18
겨울에도 꽃은 핀다 ····················· 19
은회색 찬가 ······························· 21
겨울이어도 괜찮아 ······················· 22
행주 ········································· 24
그런 날도 있었구나! ··················· 25
고마운 손 ································· 27
디딤돌 ······································ 28
나 파랑새 되어 ··························· 29
나를 만나다. ······························ 30
살다 보니 ································· 31
선물, 함께 걷는 길 ····················· 32
나에게 ······································ 34
인생의 겨울 ······························· 35
인생과 계절 ······························· 36
인생은 여행 ······························· 37

노을의 노래
김현숙 시집

## 3부. 꽃, 바람, 하늘

철쭉과 할머니 ·········· 40
햇살, 숲 ·········· 42
숲으로의 초대 ·········· 43
냇물 ·········· 44
흙 ·········· 45
북한산 1 ·········· 46
북한산 2 ·········· 47
가로등 ·········· 48
한강 ·········· 50
빈 의자 ·········· 51
하늘공원 ·········· 52
소나무에게 ·········· 53
소나무 되어 ·········· 54
백두산의 침묵 ·········· 55
산세베리아 1 ·········· 56
산세베리아 2 ·········· 57
개망초 ·········· 58
나무의 일생 ·········· 59
밤하늘 ·········· 60

노을의 노래
김현숙 시집

**만월** ································ 61
**구름 1** ······························ 62
**구름 2** ······························ 63
**파도** ································ 64
**몽돌** ································ 65
**바람** ································ 67
**억새** ································ 68
**아침이슬** ···························· 69
**새벽** ································ 70
**새벽달 1 - 뜻밖의 손님** ············ 71
**새벽달 2 - 코비드 19** ··············· 72
**새벽의 소리** ························ 73

## 4부. 가을, 겨울, 봄, 여름

**가을이 온다** ························ 76
**가을이 왔다** ························ 77
**가을물 든다** ························ 78
**이 가을엔** ·························· 79
**가을, 시를 품다** ···················· 80
**시월의 가을** ························ 81

## 노을의 노래
김현숙 시집

가을 소풍 ······················· 82
가을이 갑니다 ··················· 83
가을 저녁의 상념 ················· 85
낙엽이 지면 ····················· 87
낙엽의 편지 ····················· 88
하늘극장 ······················· 89
호박의 꿈 ······················ 90
겨울꽃 ························ 91
눈꽃 ·························· 92
겨울나무 ······················· 93
동백꽃 ························ 94
봄날은 온다 ···················· 95
삼월 벚나무 ···················· 96
벚꽃 구경 ······················ 97
봄나들이 - 석촌호수 ············· 98
봄, 피고 지고 ··················· 99
선물 ·························· 100
오월의 노래 ···················· 101
오월의 불광천 ·················· 102
들꽃 향기 ······················ 103
내년 봄은 너무 멀어 ············· 104
봄에게 편지 ···················· 105

노을의 노래
김현숙 시집

봄비, 머물다 ·············· 106
늦은 봄 ·············· 107
청록예찬 ·············· 108
이름 모를 꽃 ·············· 109
여름날의 합창 ·············· 110

# 5부. 살며 사랑하며

호수의 추억 ·············· 112
생각이 머무는 날 ·············· 113
사모곡(思母曲) ·············· 114
친구가 보고 싶다 ·············· 116
여보게 친구 ·············· 117
친구들에게 ·············· 118
가정의 달 ·············· 119
며느리에게 ·············· 120
딸이랑 ·············· 121
세상의 딸들에게 ·············· 123
효도여행 ·············· 124
어느 햇살 좋은 날 ·············· 125
시인의 길 ·············· 126

노을의 노래
김현숙 시집

**해설 한화덕/ /생명력 있는 구원의 시,
성찰의 삶 흔적 남기다 - 한 화 덕** ····· 127

□ 서시

## 노을의 노래

이런 줄 알았더라면 진작에 늙을 것을
굴레가 풀려나서 허허로운 듯 했는데
사실은 풍요롭고 조용하고 아련하네요

내 얼굴에 주름 그대의 백발도 노을 속에 고아라
흐린 눈은 모든 사물이 정다워 보이고
어두워진 귀는 세상소리 노래로 들리누나
여기 와 보니 노년은 황금기여라
그대들이여 노을은 인생의 황금기여라

내님들이여 건강관리 잘하고
주님과 동행하며
자족하고 범사에 감사하며 살면
노을이 지상의 천국이라오

# 1부

# 나의 기도, 나의 시

## 글 꽃

카페라테 한 잔 들고
내 작은 초록 카페에 앉았더니
소박한 계절 담은 화분마다
'글 중의 꽃은 시라고요'
예쁘게 속삭인다

꽃이 좋아 꽃을 기르는 할머니는
글 중에 꽃은 시라 하기에
글 꽃을 피우려 돋보기 쓰고 책상 앞에 앉는다

세월 속에 켜켜이 쌓인 흔적
삶의 오색 실타래를 노래로 꽃 피우려
마음속 꽃잎을 모은다

무슨 꽃을 피울까

단아하고 그윽한 예쁜 꽃을 피우고 싶은데
글 꽃이라 내어놓긴 부끄러울 뿐이네

## 나의 시

누군가의 시는
어느 시인을 살렸다는데

나의 시는 누군가에게 위로가 되고
쉼이 되었음 좋겠네

또 누군가에겐
주님을 알고 싶은 기회가 되었으면

그런 시가 된다면
그에게 구원이 될 수도 있을 텐데

얼마나 좋을까
그런 시를 쓸 수만 있다면
날 구원하신 주님도 기뻐하실 텐데

## 새해 기도

I 새해를 기도로 엽니다

공의가 실현되고 화해하고 소통하는
평화가 강같이 흐르고 기쁨이 은하수 되는

사람마다 얼굴에 꽃이 피는
새해가 되기를

II 새해에는 평화롭게 하소서

공의와 정의가 바로 서는
국민이 행복한 나라이게 하소서

우리의 자자손손들이
아프지 않고 소망을 이루며
다른 이들과 비교하지 않고 저마다 행복한
그리하여 감사가 넘치는
희망이 있는 나라이게 하소서

## 새벽 기도

창을 열면 들려오는
함께 기도하자는 듯
맑은 새들의 지저귐이 향기롭다

주님과 나누는 대화의 시간
기도로 하루를 열면
구름안개 자욱한 아침도
내 마음 하늘은 청명하다

삶의 누더기를 벗겨내면
거룩한 그분의 향기로 가득해
감사 찬송이 절로 나온다
참 아름다워라 님의 세계는

## 어찌하리오

커피 향 그윽한 시월 어느 날
그리운 이 보고파 아련한 맘으로
저리도록 설레기도 하고
부푼 가슴으로 지새운 밤도 숱하였건만
설렘도 애틋함도 무디어졌더라

황혼녘, 이 겨울에도
아름다운 겨울꽃을 피우고 싶은데
무디어진 이 감정을 어찌하리오
어찌하리오 메마른 이 감정을

## 겨울나기

인생의 겨울
제때 떨어지지도 못한 나목 가랑잎 되어
부서져 가는 아픈 계절

오감은 마모되고
마음 밭, 보석처럼 빛나던 시어들도 추수가 끝났을까
찬바람만 윙윙대는 시린 들녘

어차피 모든 생명체는
시간 속에 피고 지는 꽃잎과 같을진대
인생이라고 다를까

그리할지라도 마음 밭에
꽃씨도 푸르름도 심어본다
봄날 목마름으로

하얀 설렘 위에
절절한 사연을 푸른 그리움으로
초록빛깔 시를 쓰고 싶다

## 마음 빈자리

떠난 이들에 대한 그리움
마음 빈자리에 작은 꽃밭

고요히 침묵을 깨고
피어나는 영롱한 꽃잎들

계절도 모르고 피어나는 꽃향기에
시 쓰는 할머니 마음도 행복하네!

창밖 바람도 배시시 웃고 가는 날

## 시 쓰는 마음으로

땡볕 삼복더위에
목화 꽃 닮은 하얀 구름은
파란 하늘에 설산을 만들고

여름 불광천 언덕엔
무궁화 백일홍 금계국 개망초 흐드러지게 피어나
꽃들의 향연, 명상의 공간이 된다

하늘과 땅, 나무와 꽃
언덕 위 작은 꽃들이 말을 걸어오면
내 마음은 온통 시가 된다

시 쓰는 마음은
꽃을 가꾸는 일이다
풀 한 포기 사소하게 여기지 않고
소중히 여기는 마음이다

자연과 더불어 누리는 기쁨과
자연을 노래하며 즐기는 행복은
정녕 시 쓰는 이의 특권이리라

## 파란 꽃소식 오던 날

찬바람 매섭게 불어
가로수는 벌거벗은 지 오래
낙엽 쌓인 스산한 거리

올해도 며칠만 남은 날
부족했던 일과 고마웠던 일이
함께 떠오르는 시간

벼랑 둥지처럼
시간의 절벽에 섰는데
파란 꽃소식이 훈훈하다
소녀처럼 살짝 설렌다

계절이 오가고 해가 지나가도
한결같은 하늘 아래 있는 나
노을만큼이나 아름다운 문우들과
주어진 시간 자족하고 감사하며
겸손히 즐기고 행복하리라
*파란 꽃소식 : 백일장 입선 소식

## 마음의 호수 문예반

마음의 호수엔
아름다운 무지갯빛
옥구슬 은구슬이
망설임 없이 맘껏 구른다

형형색색 눈부신 꽃망울들이
에서제서 폭죽처럼 터진다

여러 음률이 온몸에 전율을
내 영혼에 평화와 여유를 선물한다

바람에 빗줄기에
얽히고설키며 허기진 영혼들
호수에 오면

따듯하고 사랑스런 별들이
허기졌던 영혼 풍성하게 다독이며
애틋하게 보듬는다

# 2 부

# 노을의 노래

## 저녁노을

다사다난한 인생이여

꽃 피고 지고 찬란했던 계절 가고
나목으로 선 시린 삶의 겨울

인생 겨울 깊숙이 와보니
늙는다는 것은 오히려 참 쉼
고요하고 평화롭네요
저녁노을 고운 빛깔처럼

그대 나의 주님
주님 앞에 서는 날 부끄럽지 않게
말 한마디, 생각, 태도, 한 줄의 글도 돌아보며
나 다듬어 기도하는 시간이네요

저녁노을은 창조주께서 주신 축복의 시간
참 쉼과 기쁨, 감사의 시간
이 모든 것 주신 주님을 찬송하며 가렵니다

그리하면 되는 것 그리하면 되는 거지
노을 진 저녁이 행복합니다

## 세월 흐르니 그대도 흘러

시간 흐르니 계절도 흘러
세월 흐르니 그대도 흘러

고운 님 풋풋한 향기
녹음 가득한 날들은 갔다

제때 떨어지지 못한 듯
시린 잎새 처연하다

그분 향기와 편지로 살자 했지만
그댄 부끄러움뿐이다

세월 흐르고 흐르더니
그대 여기와 서 있는데

## 낙화의 독백

때를 알고 가는 이의 뒷모습
얼마나 아름다운가

아름다운 꽃으로 피어
눈부신 사랑을 주기도 받기도 했으니
그것으로 되었다

미련한 욕망은 추하다
길을 잃게 한다

꽃이 져야 열매도 맺고
겨울도 나는 것
손 흔들어 배웅하는 나뭇가지를 보라

차마 울지 못하는 맘
가상도 하구나
떨구는 꽃잎이 헛헛하다

## 황혼에는

황혼엔
온유하게 하소서
따듯한 눈, 곱고 순한 마음
은은한 향기를 품게 하소서

황혼엔
겸손하게 하소서
굽이굽이 삶을 돌아보며
감사한 마음으로
무릎 꿇게 하소서

황혼엔
조용히 비우게 하소서
가난한 영혼으로
주님 만날 날을 위해
준비하며 기도하게 하소서

## 겨울에도 꽃은 핀다

봄엔 꽃이 핀다

아지랑이 따듯한 햇살 내려와
파르라니 싱긋한 풀 향기 품고
갖가지 꽃 피워 코끝을 간지른다

봄엔 꽃이 핀다

땡볕 여름에도
추수 끝난 가을 들판에도
눈보라 치는 겨울 산에도
꽃은 핀다

만물이 움트는 봄날
새싹과 함께 피어야만 꽃이던가
시린 겨울을 참아내며 피는 꽃은
꽃이 아니던가

향기 없는 눈송이마저

꽃으로 내리는 겨울엔
더욱 곱디고운 꽃이리라

겨울에게 이르노니
춥다고 움츠리지 말라

겨울에도 꽃은 핀다

## 은회색 찬가

혼자일 땐 기품이 있고 우아하다
게다가 세련되기까지

함께일 땐 겸허하다
다른 색이 선명하고 빛나게 바탕색이 되어준다

겸손과 배려, 기품
은회색이 좋다

## 겨울이어도 괜찮아

낙엽 진 가을, 저무는 햇살
스산하게 창가에 스미는데

가던 길 뒤 돌아보니
아쉬움도 아련한 추억도 그저 그리움 되고

덩그러니 겨울 길에 선 오늘
어디까지 왔는지 어디까지 갈는지

하늘을 올려다보며 웃자
내 주님만 아시니 그분께 맡기고

해와 달과 별 바람 부는 들녘에
이름 모를 꽃과 풀들 하늘 나는 새들처럼

주어진 삶 애틋하게 여기고 감사하며 살면
가을, 겨울이어도 괜찮아
오색 단풍, 하얀 눈꽃처럼

선물로 받은 오늘 하루도
오롯이 주와 함께 행복하게 가련다

인생살이 별거 있나 다 그런 거지

## 행주

주방엔 없어서는 안 되는 존재
때마다 분주하게
온몸을 아끼지 않고 투신하여 헌신하는 너

제 의무인걸요
전 제가 할 일 했을 뿐인데
제가 휴식할 때
어김없이 찜질방
꽃향기 그윽한 양지바른 발코니 일광욕 덕분에
머금은 꽃향기로
주방을 빛내 드리다

갸륵하고 깊은 너다움의
울림이 큰 감동이야
낮은 자리에서도 불평 없이 할 일을 했을 뿐이라니
주방의 가구들이 베란다 꽃들이
감동의 박수 짝짝짝

## 그런 날도 있었구나!

고즈넉한 오후 커피 한잔
내 작은 숲을 마주한다

내가 기쁘면
작은 화분 꽃들도 춤을 추고
내가 우울하면
그들도 숨죽여 슬퍼한다

때로 바람이 불면
속삭이듯
노래를 불러준다

참 수고했다
잘 살아왔다
지금도 그만하면 됐다

스치는 응원에
안도하고는 곧 부끄러워
얼굴이 붉어진다

그렇게 내 삶을 돌아본다
아 그런 날도 있었구나

## 고마운 손

손이 아프다 많이
정형외과 치료 일 년
여전히 아프다
고마운 내 손
세 자녀를 책임졌던 손
장하다 고맙고 사랑한다

새색시 시절
나이 많은 조카들
이 고운 손으로 어떻게
애 낳아 기르고 빨래하고 사나 묻더라
이제 거북이 등보다 거칠어진 손등

그래도 난 내 귀한 손이 좋다
손아, 아프지 말아다오
다 안단다 너의 수고를

# 디딤돌

어버이 마음은
아들딸이 밟고 가는 디딤돌
넘어질까 상처 날까
다듬고 다듬는다

밟고 딛는 아들 딸들
스스로 행복하고
이웃과 더불어 조화롭길
사회와 더불어 평화롭길
지혜 다해 두드리고 두드린다

어느 부모인들
자녀들 꽃길로 인도하는
단단한 디딤돌이고 싶지 않으랴

오늘도 마음 다해
두 손 모아 기도드린다

## 나 파랑새 되어

이슬 내린 잔디밭에
나 홀로 산책하다
고운 님 보고싶어
노래 불러요

벚꽃 노래하는 뒷동산
언제나 품어주는 나무친구들
묻지도 않고 놀다 가라 손짓하네요
고마워 나무친구들

주고받는 사랑의 속삭임에
해님도 방긋 웃는 오늘
세상 다 가진 듯 기쁨 충만해
시 한 수 읊으며 노래하리라

삶이 공허에 허우적이는 영혼들에게
그대들은 충분히 빛날 수 있다고
꽃피고 열매 맺어 빛날 수 있다고
파랑새는 소리 높여 노래하리라
내 깊은 세월도 저만치 서서 응원하네요

## 나를 만나다

아침 안개 자욱한 산길을 걷다
내 속에 나를 만난다

말 그릇을 점검하며
겸허하게, 나답게 살라 한다
내 속 나를 만남이 힘겹다

또 고요히 다독인다
괜찮아 어제는 그렇게 성찰하며 보내주고
최선 다해 예쁘게 오늘을 사는 거야
부끄럽지 않게

어느새
하늘과 구름과 바람에서
가을 냄새가 콧등을 스친다

# 살다 보니

삶이란 창조자에 대한 의무
희극도 비극도 아니더라
세상은 부와 명예를 말하지만
세월은 내게 감사하며 살라 하네

여든도 훌쩍 넘어 인생길 멀리 와보니
눈으로 보기보다 가슴으로 바라보곤 하지
깊게 이랑 패인 얼굴도 성성한 백발도 친숙해
함께 있어도 고독하다지만 그 고독을 즐기며 살아
가진 것 많아도 가슴은 텅 비어 허전하다지만
달리 보면 여유로운 쉼이 있는 계절

범사에 감사하고 항상 기뻐하며 시가 있어 행복한
깊어져 가는 겨울, 나의 인생길

## 선물, 함께 걷는 길

선물로 주어진 25년
혼자가 아닌 너와 나, 우리가 함께 가는 길
누구도 모르는 길

걷다 보면 만날 거야
언덕길 가시밭길 이런저런 길 만날 거야
편한 길, 꽃길만이 아니어도 괜찮아
힘들고 어려운 길 만나면 먼저 손 내밀고
내 탓이야 다독이며 배려하고 존중히 여기고
함께 가다 보면
너는 내게, 나도 너에게 정원에 꽃 피우는 단비가 되어 있겠지

행복할 거야
이런저런 상처들마저 꾸덕꾸덕 굳어져 마디가 될 테니
대나무가 마디를 통해 단단하고 멋지게 자라듯
봄에 새로 돋는 연한 잎이 여름 뜨거운 볕을 지나
화려한 단풍 되어 가을에 아름다운 향연을 베풀듯

어떠한 삶의 마디이든
축복으로 삼아 걷다 뒤돌아보면
그윽한 향기가 애틋할 거야

너와 내가, 그대와 당신이, 그리고 우리가
그렇게 살아간다면 살맛 나는 세상일 거야

오늘도 한밤이 깊어만 간다

## 나에게

나에게 내가 칭찬하고 위로합니다.

수고 많았다고
고맙다고 힘내라고
지금도 잘하고 있다고
외롭고 아프지도 말고
계속 잘하며 나아가자고

손 만져주고 발 닦아주고
마음도 토닥이며 놀아줍니다.

쪽 달도 부러운지
노란 미소를 띠고 창가에 머뭅니다.

## 인생의 겨울

호사스럽던 단풍잎
우수수 낙엽으로 지는 계절도 가고
생생하던 모든 것이 빛바래고
밤 깊은 침묵 속으로 스러져가는 계절

지치고 우울해진 나에게 말을 건넨다
이만하면 잘 왔다고 최선을 다했다고
앞으로 갈 길도 잘 갈 거라고

인생의 겨울, 인고의 끝자락엔
마중 나온 천사의 손잡고
창조주 하나님의 인도하심 받겠지

## 인생과 계절

아장아장 귀여운 발걸음 봄
당당한 경쟁의 발걸음 여름
포근하게 보듬는 넉넉한 품 가을
묵직한 세월의 무게 뒤돌아보는 겨울

오르막길 내리막길 교차하는 인생길에
황혼을 알리러 온 갈바람
아름답게 익어가는 계절, 노을 지는데
겨울마저 멋지게 장식하라 숙제를 주네

## 인생은 여행

잠깐 왔다 가는 여행길

빛나는 햇살에 취하고
건들바람에 취하고
예쁜 꽃향기에도 취하고
사랑에 맘껏 취해도 보고

구름이 흘러가듯
미움도 욕심도 흘려보내고

쉼 없이 흘러가는 세월 속에
그렇거니 그래 그렇게 사는 거야

한 번 하는 여행길
그래도 자기 색깔 잊지 않고
후회 없이 가면 되는 거야

# 3부

# 꽃, 바람, 하늘

## 철쭉과 할머니

화사한 봄날
불광천 벚꽃 진 자리
보랏빛 저고리 곱게 차려입은
아름다운 철쭉 아가씨들
예쁘고 곱다, 맘껏 때를 즐기렴

근데 말이야
세상엔 영원한 것 없더라
할머니도 한 땐 꽃이었단다
늘 꽃일 줄 알았는데
어느새 골 깊은 주름에 백발 성성한
할머니가 돼 있더군

하지만 그게 뭐
할머니는 오늘도 들꽃들의 축제에 초대받는다
예쁜 하늘과 구름, 꽃바람 속에
그윽한 꽃내음 마시며
고운 철쭉들과 얘기하며
이 봄 꽃길을 열심히 걸어야지

누구에게도 짐 되지 않으려
꽤 괜찮은 할머니로 살기 위해

그리고
감사하다 행복하다 말하련다
그리하면 되는 거지

## 햇살, 숲

구름 한 점 없는 하늘
아침 햇살 깨어나면
아름답게 미소 짓는 숲

한 나무 그리고 또 한 나무
나무와 나무 모여 숲

푸른 제복 정갈하게 차려입고
세상을 정화하는 숲

향기로운 햇살에
빙그레 미소 짓는 숲
사랑할 수밖에

## 숲으로의 초대

찜통 같은 된더위에
마음에 잔상 부유하던 날

초록 카페에 앉아
아직 오지 않은 계절을 초대한다

봄 여름 호화롭던 동산 숲
스산한 바람 불어오면

자기들의 빛깔로 옷 갈아입고
단풍 향연 베풀다가

노을빛이 넘실대면
낙엽 지는 소리들이 오겠지

그렇게 눈보라 치는 겨울 오면
숲은 고독이 하얗게 덮일 거야

오는 세월 가는 세월 귓가에 드리우는데
눈길 한번 주지 않고 시간은 잘도 가네

## 냇물

거스르지 않고
아래로 아래로 흐르며
닿는 곳마다 마르지 않게 적시고
여린 생명들의 젖이 되고 쉼터가 되고

그렇게 흘러
머물고 지나치는 이들 가슴에
슬프고 기쁜 추억 만들고

그렇게 아래로 흘러
엄마 가슴 같은
그곳에 닿으면 너른 바다가 된다고

# 흙

흙이여, 위대함이여
겸허한 땅이여
생명을 잉태하는 어머니여

저들의 화려했던 삶도
창공에 수놓았던 노래도
산 넘고 물 건너온 생명도

가난하게 되어 헐벗고 뒹굴어도
묻지도 않고 사랑으로 품어
포근히 잠들게 하는 위대한 모성이여
흙이여 위대함이여

# 북한산 1

북한산 자락이
넓고 늠름한 등판 꼿꼿이 세웠으니

어느 곳에서 보아도 당당한 장군 같아
기대어 쉬고 싶은 곳

구름도 하늬바람도 쉬어 가는
푸른 숲 내음 그윽한 이곳

글 쓰는 이들의 파란 노래여
산행객들의 휘파람이여

쉼 없이 흐르는 계곡 청아한 노래로
몸과 마음 영혼까지도 쉬어 가라 손짓하며

풋풋한 정 베푸는 곱디고운 파란 숨결
아름다운 북한산이여

## 북한산 2

봄비 지나간 자리
운무에 갇힌 북한산은

계곡에 서성이던
물안개가 그려낸 수묵화인가

햇살 비쳐 안개 거둔 숲엔
짙은 솔 향기 가득하니
옛 벗의 자취인 양 아련하구나

## 가로등

넌 어둔 밤에만 피는
외로운 꽃이더냐

난 외롭지 않아요
고요만 남은 밤
하늘 별들이 내려와 친구 하자 소곤대고
세상 소식 들고 와 바람도 놀아줘요

밤에만 피는 꽃 가로등은
젊은 연인들에겐
아름다운 추억으로
삶에 지쳐 비틀대는 영혼들에겐
길을 밝히는 희망으로
주어진 자리에서 최선을 다하는 모두의
발길을 밝혀주기 위해 피는
응원과 위로의 꽃이랍니다.

그래서 넌 흐리고 비가 내려도
시린 겨울밤 눈보라 쳐도

해 지고 다시 뜨기까지
어둔 밤을 밝히며
흔들림 없이 피어 있구나
고맙게도 그렇구나

## 한강

가을 햇살이 다리를 건너면
강 건너 저편 고층 아파트 숲이
한강 깊은 고요 속에 물구나무선다
치열한 경쟁의 숲은
물그림자 정물화 되어 도도히 흐른다

강둑길 산책하던 이
가슴 속 불타는 숯덩이 강가에 내려두고
물속 그림자 바라보며 비틀거리는데
한강은 침묵하며 모른 척 흐른다

## 빈 의자

불광천 오가는 길섶
그림같이 앉은 빈 의자

삶에 지친 사람도
운동하다 힘든 할아버지 할머니도
사랑하는 연인들도
낙엽 지는 날에도 눈이 오는 날에도
누구라도 어느 때라도 좋소
나의 무릎에 앉아 기대어 쉬어 가구려

아기 오리들 데리고 봄 마중하는 엄마 오리
야생화 피고 벌 나비 춤추며
풀벌레 악단 음악회 계절마다 열리는
이곳에서 쉼과 여유를 가져보시라

푸근한 정 베푸는 풋풋한 숨결
아름다워라 고즈넉한 빈 의자

쌀쌀한 찬 바람도
햇살 같은 미소로 속살거리고 가네요

## 하늘공원

햇살 가득한 가을날
은빛 찬란한 억새
열두 살 소녀 볼닮은 핑크뮬리
열다섯 소년 같은 댓살이
바람에 맞서지 않고 하늘하늘
한들한들 정다운 코스모스도 빵긋

모르는 이는 상상이나 할까
쓰레기를 품고도
이렇게나 아름다운 공원일 줄

## 소나무에게

비단산 중턱에
세월 굽어 늙은 소나무

그윽한 향기
시원한 그늘
굽은 허리
아낌없이 내어주며
쉬어 가라 하지

넌 나의 친구야
세월 굽은 소나무야
네가 산에 있어 오른단다

## 소나무 되어

겨울 산 소나무 없음
얼마나 황량할까

굽은 소나무 있어
산은 산답고 든든하구나

나 소나무 되어

허리 좀 굽어도
푸르를 수 있다고
꼭 전해 주리라

산을 오가는 그대들에게
그윽한 솔향 한 모금
선물하리다

황혼이여
그대들 앞산 뒷산에 소나무 있음에
소망의 메시지가 든든하지 아니한가

## 백두산의 침묵

높은 산 깊은 골 앙증맞은 이름 모를 꽃들
하늘하늘 춤추는 모습 아름답구나

장군 같은 바위들은 병풍처럼 섰고
긴 세월 견뎌 불의 땅 비워내고
신비한 하늘 연못 천사들의 목욕탕일까
수정같이 맑은 에메랄드빛 물로 채웠네

민족의 영산 백두산
두 동강 한반도 끊어진 백두대간 애달파
가슴 깊은 속울음 울며 침묵하고 서 있다.

## 산세베리아 1

꽃대가 일곱 대나 솟았네
해맑고 잔잔한 미소
고운 자태 그윽한 향기에
당신 앞에 섭니다

차마 말하지 못한
사랑을 노래해요
당신만으로 당신 덕분에 행복하다고

이제는 흔들리지도 말고
은방울 눈물도 보이지 말고
꽃만 방시레 피었다 가세요

산세베리아 꽃 당신

## 산세베리아 2

찜통더위 칠월 어느 날
내 초록 카페에 줄무늬 옷 입고
이슬 같은 물방울 방울 달고
화려하진 않아도 기품 있고 그윽한
산세베리아 꽃이 피었다

  안녕하세요
  전 행운의 꽃이랍니다.
  관용이라는 꽃말을 가졌어요

말을 건넨다

  네가 왔구나 반가워
  얼마나 힘들었니
  한 줄기만 피우지 여러 줄기 피우느라
  눈물방울 주렁주렁 달고 왔구나

누가 꽃은 울지 않고 핀다 했던가
나는 보았다 산세베리아
아름다운 은방울 같은 눈물을

## 개망초

철쭉꽃 지고 간 즈음에
소박하게 무리 지어
뾰조롬히 내민 수줍은 얼굴

하얀 달빛 이슬이 빚은 듯한 꽃 무리
유월 뙤약볕에 무리 지어
봉우리마다 순수한 웃음 빙그레

옆자리 멋대로 흐트러져
함박지게 웃는 노란 금계국이
함께 놀자, 손 내밀어도
도도하고 꼿꼿하게 해맑게 생긋

어울리지 않는 이름 개망초
하얀 미소 노란 햇살 닮은
너희 조상은 아마도
격조 높은 선비였나 보다

## 나무의 일생

한때 나무는 절정의 꽃이었어
오로지 꽃이 되기 위해 존재한 것처럼
꽃향기로 곱게 세상을 밝혔지
허나 꽃은 다 쏟아졌어

나무는 이내 온몸을 초록으로 물들였어
가지마다 초록 물결은 싱싱한 생명의 축제였어

그러다 가을이 되자 다시 불태웠어
화염처럼 불타오르던 잎새들은
스산한 거리를 일렁이는 불꽃으로 가득 채웠어

이렇게 나무는
매 순간 자신을 다 쏟아내고는 빈 몸이 되었어
그렇게 가을은 허무를 남기고 갔지

겨울나무는 생각해
꽃 피는 봄이 다시 올 거야

## 밤하늘

멀리 반짝이는 애틋한 사랑이 있어
그 사랑 더더욱 빛나도록
이토록 까만 융단을 펼쳐 놓으셨군요

고고한 그 사랑 알아볼 수 있게
절절한 그리움 곱게 밟고 오라고
곱디고운 까만 융단을 깔아 놓으셨군요

시 쓰는 자에겐 시가 되고
노래하는 자에겐 노래가 되는
까만 밤 작은 별빛

문득 고개 들어보니
밤하늘 별빛 노래 들려와
내 맘 구석까지 환히 밝혀 놓으셨네요

## 만월

지혜로 채우면
온유와 겸손, 사랑과 배려 가득하여
감사의 노래가 온 우주에 퍼지니
구름 한 점 없는 맑은 하늘 만월일 터이다

교만과 탐욕으로 가득하면
돈 명예 권세로 꼭꼭 채워도
만족이 없고 허허로워
터지도록 채워도 다함이 없으니
만월인들 천둥번개 우는 밤이리라

척박한 땅이어도
기경하면 옥토 되리니
나눔의 씨 뿌려
풍요의 열매 주렁주렁 달리고
사랑의 세레나데 지상에 울려 퍼지면
맘은 따듯하고 더 행복할 터이다
그런 만월이어라

# 구름 1

밤새 내린 이슬
새벽 물안개 되어 나들이 가면
앞산 소나무 위엔 쪽 구름 학으로 앉고

높은 하늘 꽃구름 아름다운 미소는
속살거리는 바람에 은빛 창문 열고서
어느 시인이 띄워 올린 노래인가

파란 하늘 솜 뭉치 하얀 뭉게구름은
어느 늙은 소녀에게
여행 가자 꼬드기는 나룻배 된다

# 구름 2

하얀 목화꽃 닮은 너는
하늘을 캔버스 삼아 온갖 그림 그리다가
두둥실 날아, 가고픈 곳 여행하며
지치면 나뭇가지에 앉아 쉬어도 가고
화가 나면 천둥번개 우당탕탕 풀어내고
슬플 땐 소나기로 주룩주룩 울고
그리울 땐 이슬비 촉촉이 적시고

소리가 담 넘으면 안 된다 교육받던
몸도 맘도 성치 않은 할머니는
부러워 괜스레 하늘만 훑긴다

# 파도

철썩 처얼썩
울고 싶어도 울 수 없는
가여운 영혼을 위해
맘껏 울어주는 너

추울렁 출렁
사랑하는 연인들을 위해
하얀 포말을 쓰고
탱고 춤을 추는 너

파도야 파도야
어찌하란 말이냐
이리도 멋진 너를

## 몽돌

이야기 하나

어디서 왔는지
산 넘고 계곡 굴러
바다에 닿아 몽돌 방파제 되었더니

외로운 밤엔 등대가 친구 되고
낮엔 바닷새들이 춤추며 노래하네

이야기 둘

나도 모르게 엄마 품 떠나와
만고풍상 겪다 보니

비바람에 씻기고 굴러
구르고 굴러 닳고 닳아
반질반질 몽돌이 되어

골리앗을 이긴 다윗의

무릿매 돌이 되고
아이들 사랑 받는 공깃돌이 되었네

## 바람

바람은 자연의 편지
겨울 가고 봄 온다고
어수선한 소식 전하더니

산에 들에 봄꽃 너울댈 때면
그윽한 향기 한가득
이고 지고 오더라

지금은 초록 물결
파도타기 한창인데

때 이른 가을 편지
어느새 들고 왔나
저만치 배시시 웃고 있네

## 억새

지금은 은빛 축제
억새들의 무대

은빛 물결이 춤을 추어요
바람에 몸을 맡길 뿐인데요

누웠던 억새 일어서며 건네는 말
바람에 누울 뿐 쓰러지지 않아요

보이지 않던 별들이
어느새 밤하늘을 가득 채웠네요

## 아침이슬

어둠이 머물다 간 이른 아침
둥근 해 방시레 웃음 짓는다

어릴 적 꽃반지 만들던 클로버
작은 풀잎 이슬방울은
무지갯빛 수채화를 담는다

짝 찾는 하얀 나비 넌짓넌짓
수줍은 날갯짓이 싱그럽다

## 새벽

여명이 밝아오면
칠흙 같은 어둠은 저만치 물러가고

부지런한 새벽이 뚜벅 걸어 나오면
만물은 꿈에서 깨어난다

새벽을 따라나선 붉은 해가 우렁차게 솟으면
장엄한 숨결이 가슴 가슴마다 굽이친다

새벽은 살아있는 것들의 희망
그렇게 새벽은 생명을 깨운다

## 새벽달 1- 뜻밖의 손님

어둔 하늘 바다 헤엄쳐
은빛 몰고 찾아온
뜻밖의 손님

함께 하는 꽃구름도 뭉게구름도
학으로 앉은 쪽 구름도 없이
미동으로 불침번 서는 그대

외롭고 고단해
내 창가에 기대 쉬고 있는
위로가 필요한 여린 손님

잠 못 이뤄 뒤척이던 나
채 어둠 걷히기도 전
뜻밖의 손님맞이에
어서 오라
반가운 웃음 웃는다

## 새벽달 2 - 코비드19

구름 한 점 없는
파란 하늘 바다

새벽달이 기별도 없이 내게 왔네
별과 함께 창가에 찾아왔네

둘이서 소곤소곤
얼마나 힘드냐고 전염병
저들도 거리 두고 저만치 서서 얘기하네

이 또한 지나갈 거야
힘내자고 계속 소곤대네

내 새벽 창가에 기대어 선
새벽달과 별이 손에 잡힐 듯 잡힐 듯하네

## 새벽의 소리

칠흙 같은 밤하늘에
별들 꽃피는 소리

달과 별의 속삭임
새벽을 흔들어 깨우는 소리

별이 내리는 새벽
여명이 밝아오는 소리

희망찬 파란 노래
내 마음도 덩달아 파란 마음

# 4부

# 가을 겨울 봄 여름

## 가을이 온다

창문 앞을 기웃기웃 서성이다가
떨구고 간 노란 나뭇잎에서
눈치를 챘습니다.

머지않아 온 산야를
알록달록 요란하게 물들이겠지요
그러면 나도 황홀한 빛에 물들 겁니다.

자신을 불태우며 물들이는 나무들
붉게 때로는 노랗게 물들어 가겠지요

낙엽으로 떨어져 이별을 고하더라도
온몸을 사르는 단풍은
꽃보다 청춘입니다
낙엽 지는 가을은
가슴 아릿한 그리움입니다.

그런 가을이 옵니다

## 가을이 왔다

새벽이면 창문을 닫아야 하는
선선한 바람 따라
가을이 왔다

고운 빛깔
소박한 코스모스 향기에 묻어
가을이 왔다

시리도록 파랗고 높은 하늘
귀뚜라미 우는 소리와 함께
가을이 왔다

그대와 나에게
가을이 왔다

아름다운 시를 잉태하는
가을이기를
기도한다

## 가을물 든다

스산한 바람 불어 소슬한 날
황금색 꽃비가 바람 타고 쏟아져 내린다
노랗게 낙엽 수놓은 숲길을 카펫처럼 밟는다
나뭇가지 사이로 비집고 들어오는 햇살이 청아하다

지난 여름 뜨거운 지구를 견디며 애쓰는 모습이 대견했다
갑작스레 가을 오면 낙엽도 한 가지 색이기 쉽다
올 가을엔 유난히도 울긋불긋 요란하다

덧없이 가기에 더욱 아름다운가
늙은 소녀의 마음도 알록달록 가을 물든다.

## 이 가을엔

이 가을엔
마음 문 열게 하소서
마음의 창에 가득한 빛으로
무겁고 어두운 그림자 거두고
높고 푸른 계절을 노래하게 하소서

이 가을엔
허탈하고 공허한 마음 채워지도록
시리고 아픈 가슴 보듬어 안게 하소서
넉넉한 손길로 다독이며
따듯한 사랑을 하게 하소서

이 가을엔
높고 파란 하늘을
풍요히 익어가는 들판을
노래하게 하소서
가을 닮은 고운 시를 쓰게 하소서

## 가을, 시를 품다

파란 쪽빛 하늘
구름 한 조각 없이 선뜻하고

산 산에 나무마다
오색 무지개 수놓은 잎새들
오솔길도 물들였다

호수는 햇살 받아 붉은 춤을 추고
들녘엔 황금물결이 풍년을 노래한다

가을은 창조주의 시를 품고
이렇게도 곱고 멋지게 농익어간다

## 시월의 가을

짙푸르게 재잘대던 잎새들
머지않은 여행을 예감하며
햇빛이며 바람 새긴
형형색색 옷 갈아입는다

가을 품은 잎새들
수굿이 고개 숙인 가슴도
빈 곳간처럼 허전한 마음일까

화려한 수채화로
불긋불긋 수놓아
잔치를 벌이네

## 가을 소풍

가을 풍경은 고요히 연못에 스미는데
파랗게 시린 하늘이 부른다

님아 소풍 가자
구름 타고 바람이 가자는 곳으로

찬 이슬 머금은 넉넉한 국화 향기
가을바람이 안고 왔나
옛 벗의 체취인 양 아련하구나

서걱이던 마음마저 설레인다

## 가을이 갑니다

가을이 갑니다
꽃잎처럼 예쁘던 단풍잎이
꽃비 되어 흩날리는 스산한 거리에서
낙엽 뒹구는 소리에 떠나가는 가을을 봅니다.

예전에 듣지 못했던 소리 듣게 되고
느끼지 못했던 것 생각지 못했던 것
느끼고 생각하게 되는 것이
많은 세월을 보냈나 봅니다.

삶은
세월 따라 깊어가고
계절 따라 익어갑니다
오래 매달려 있어도 익지 못하면
떫은 과육일 뿐

모양이라도 좋으면 다행일 텐데
모양조차 그러네요
깊어지는 가을에도

여전히 내 삶은 떫은 과육

이렇게 가을은 가고
겨울도 그렇게 가겠죠
그래도 가을은 아름답습니다.

## 가을 저녁의 상념

쏟아지는 가을빛
어느덧 가을도 끝자락
오색빛 축제 베풀고 떠나는 가을

고즈넉한 저녁노을 성큼
땅으로 내려오는 소리 들리고
인생의 겨울도 노을에 잠겨간다

여든 하고도 후반
세월에 무심했던 마음도
상념에 잠긴다

전능하신 분 앞에
살아온 인생길 결산하는 날 오리니
매 순간 점검하고 성찰하며 가련다

곱게 물든 낙엽처럼
곱고 아름답고 싶어라

가을빛이 스러지고
낙엽도 한 잎 두 잎 스산하게 뒹군다
언젠가는 그대도 나도 낙엽 되어 가겠지

## 낙엽이 지면

잔잔한 호수에 은빛으로 부서져
햇살은 보석보다 찬란하게 빛나고

산산마다 이별을 앞둔 잎새들이
아는지 모르는지 빛깔 으스댄다

낙엽이 지면 가을도 진다
스산한 뒷모습을 남기고 가을은 간다

산마다 가득한 붉은 잎들 떨어지면
하얀 눈꽃 피는 날들이 성큼 올 테니
가고 오는 계절은 신비하기만 하다

## 낙엽의 편지

화려하던 단풍잎 떠난다 하네
세월 따라 바람 따라 여행을 떠난다 하네

다함 없이 사랑했노라
빨갛고 노랗게 꽃피웠노라
맘껏 불태웠노라

맑은 햇살에 꽃인 양 피었다가
세월의 바람 따라 떠난다 하네

해 저문 거리
스산하게 뒹굴어 간다네

배웅하는 이 없어도
오붓한 세상으로
편지 되어 간다네

## 하늘극장

오늘 하늘 보셨나요
파란 하늘은 무대
하얀 구름은 연기자

할아버지 할머니 손녀 손자 뽀뽀하고
엄마는 어린 딸 손잡고 나들이
젊은이들 사랑 이야기
토끼 오리 강아지 모두 나와 동물의 왕국

하늘을 보는 이에게만 주어지는 선물
바람 또한 곡조를 붙여 노래하고 가네요

가을 축제 선물 받은 오늘
하늘 극장에서
시간 가는 줄 모르고 지낸
행복하고 즐거운 날이랍니다

## 호박의 꿈

가을 햇살 가득 품은 호박
물 주고 기르는 이도 모르게
주차장 지붕 위에 올라가
둥그렇고 누렇게 익었다

소리 없이 올라와 편안히 자리 잡고
종족 보존하려 했는지
호박잎 가리개 삼아 숨어 있었네

어린 호박일 때 봤음 나물로 먹었을 텐데
제 주인 좋아하는 호박죽 되려고
숨죽여 숨었다가 나타났구나

## 겨울꽃

겨울이 깊어간다

살얼음 얼고
먼 산은 하얀 꽃 머리에 이고 섰다

봄꽃은 피는 나무 따로 있지만
겨울꽃은 피지 않는 나무 없으니

백색의 어깨동무
얼마나 경이로운지

순수로 세상을
하얗게 하얗게 물들이고

세상도 영혼도 정화시킨다
말갛게 정화시킨다

## 눈꽃

파란 물감 뿌려 놓은 비단 하늘에
하얀 꽃구름이 적어놓은 시는
누가 읽을까

한밤을 지났을 뿐인데
온 세상에 새하얀 눈꽃으로 피어 왔네
뉘라서 이렇게도 아름다운 그림을 그릴 수 있을까

온 세상 나무들 길가의 풀잎 줄기 하나하나에
저리도 아름다운 눈꽃을 얹어 놓았단 말인가
세상이 온통 꽃밭이라네

고요한 순결함으로
세상을 하얗게 정화해주니
눈꽃을 노래하는 마음도 순결해지네

## 겨울나무

폭풍한설 가운데 벌거벗은 나무
시린 가슴 안고 머리 숙인다

제때 떨구지 못한 가랑잎들
부서져 가며 흐느낀다

겨울은 이렇게 아픈가
슬픈 메시지 누구에게도 말할 수 없어
고통의 언어 침묵으로 소문 나른다

건너편 소나무 숲에선
힘내라며 겨울도 괜찮다며
푸르른 응원 보낸다

저 소나무들은
가브리엘 천사들의 친구인가보다

## 동백꽃

하얀 설원에
빨간 동백꽃

나무에서 한번
땅에서 또 한 번
두 번 피는 그대

어떤 시린 사랑이기에
이별이 그리도 서러워

낙화는 나무를
나무는 낙화를
못내 아쉬워

하염없이 바라보며
일렁이는 눈물

새빨간 정열의 향기로
설원을 물들이네
빨갛게 물들이네

## 봄날은 온다

코로나 회색 구름이 덮친 세상
몸도 맘도 암울하고 무기력했던 겨울
그럼에도 아침 햇살은 찬란했다

맑고 고운 햇살 소복소복 가슴에 담아
인고의 벼랑 끝에서 서성대는 영혼에게
그리고 산기슭 언덕에 홀로 선 나목에게도
찬란한 햇살 나누며 전하리라

새싹들 푸른 꿈 꾸는 봄이 온다고
싱그럽고 따스한 봄이라고
그대들이 기다려온 희망의 봄이라고
봄은 상큼한 향기로 피는 꽃과 함께 온다
아지랑이처럼 따스하게 피어 온다
그대들이 예전에 누렸던 그 봄날은 꼭 다시 온다

## 삼월 벚나무

혹한을 이겨낸
고독한 침묵이여

새 생명 잉태를 준비하나
우아한 모습이어라

고고한 자태로다
거룩한 태교여라

희망의 파란 노래여
삼월의 벚나무여

## 벚꽃 구경

겨우내 고고하던 벚나무
어지럽게 산만하더니
마침내 벚꽃 해산해 놨다

몽실몽실 방글방글 활짝 피어
나 먼저 봐주세요 저도요
재잘댄다

꽃구경 삼삼오오 상춘객들 얼굴에도
빵긋빵긋 벚꽃들이 피었다

꽃내음 그윽한 아름다운 거리
벚꽃 한 잎 나풀나풀
나비처럼 날아와 내 가슴에 꼬옥 안긴다

## 봄나들이 - 석촌호수

새로운 생명체들이 소생하는
창조의 계절

벚꽃 두른 석촌호수
푸른 물결 은물결 춤추고
아름다운 새들 우아한 모습
여유를 만끽하는 물고기들의 생동감

활짝 펴 벙글대는 벚꽃들
살짝살짝 꽃비로 내려
나비처럼 날아와
상춘객들 머리에도 꽃 피우네

싱글벙글 방긋방긋 누가 꽃인지
수많은 얼굴에도 꽃이 활짝 폈네
어디에서 듣고 왔나 이 많은 행락객들

석촌호수 아름다움에 빠진 날
친구들과 함께여서 더 좋은 날

## 봄, 피고 지고

기습적인 봄날의 꽃들은
꽃망울을 터뜨려 세상의 빛깔을 바꾸었다

봄꽃은 찰나적이다
등장이 너무 화려했기에
퇴장이 더욱 허탈하다

아 참을 수 없는 봄날의 무상함이여
다가올 낙화에 어찌 일말의 불안도 없이
이리도 맘껏 화려할 수 있단 말인가

## 선물

하루가 다르게 세상을 색칠하는
연둣빛 시간이여
깊은 고요 속에 깨어나는
생명체들의 희망의 노래여

풀빛에 물들어 마음도 푸르러지는 날
온갖 꽃잎 잔치를 마음에 그려봅니다

벚꽃 눈부신 화사한 바람에 흩날려
내리는 꽃비가 바닥을 덮습니다

향기로 바라보는 꽃 세상의 경이로움
이 봄이 주는 선물입니다

## 오월의 노래

오월이 오면
빛살 흩어지는 산에 들에
초록빛 생명의 물결을 봅니다.

오월 눈부신 날에는
아지랑이 꽃바람 살랑이는
풀꽃들의 오색 축제가 벌어집니다.

오월 찬란한 날에는
풋풋한 청록의 나무들이
햇살 같은 미소로
기립박수를 보냅니다

희망의 노래가 한창입니다.
오월 창공이여
당신은 희망의 빛입니다

## 오월의 불광천

불광천 장미정원
바람에 업혀 왔나 헤엄쳐 건너왔나
아가 얼굴만한 색색의 장미꽃

금계국 노오란 꽃길에
생김새 어울리지 않는 이름 개망초
이름 모를 들꽃 곳곳에 피어

보고 가라 놀고 가라 아우성
누구인들 발길 멈추지 아니할까

계절의 여왕 오월의 불광천
멋진 축제에 시인도 한마디 거든다
불광천에 와보세요

## 들꽃 향기

봄볕 좋은 오월
바람과 이슬 머금은 풀 냄새 꽃 냄새
노래 되어 바람에 실려 오는데

이슬과 새벽별이 빚은 듯 보라색 앙증맞은
이름 모를 들꽃 무리 향기의 주인이라며
소리 없는 아우성 밉지 않게 쏟아낸다

너희들이었구나, 곱기도 해라
오월의 향기가 그래서 더 고왔나보다

## 내년 봄은 너무 멀어

그리운 날들은
어제라는 세월 속에 묻혀 가고

언제까지일지 모르는
선물로 주어진 오늘

하루가 다르게 세상을 칠하는
신비한 자연의 빛으로
내 마음도 콩닥콩닥 벅차오른다

풀잎 파릇한 봄의 새싹들은
긴 겨울 건너온 자연의 전령
겨우내 움츠러든 마음들을 북돋운다

이리도 아름다움을 선물 남기고
파랗고 싱그러운 향기 남기고 봄날은 간다

내일도 내 것이 아닌데 내년 봄은 너무 멀어
봄꽃 향기 가득한 오늘
마음껏 파릇한 길을 걸어야겠다

## 봄에게 편지

봄아 널 사랑해
나에게 와줘서 고마워
푸릇푸릇 싱그러운 옷 입고
방긋방긋 노랗고 빨간 웃음 참 아름답구나

넌 생명들에게 꿈이고 소망
청춘의 설렘이요 향기인걸

성마른 바람이
여름 소식 들고 왔나 봐

봄아 행여 떠나거든
내년엔 더 포근하고 풋풋한 모습으로 오려무나
네 멋진 모습 또 만날 수 있길

봄아 안녕 사랑해

## 봄비, 머물다

늦은 봄비 머물다 간 자리
나 어릴 때 꽃반지 만들어 끼던
클로버 꽃 귀엽고 정겨워라

작은 풀잎마다 영롱한 은방울은
청아한 실개천 소리를 담고

초록의 나뭇가지 사이로
눈 부신 햇살 쏟아져
고운 오색 무지개로 피었네

봄비, 머물던 자리는
그대가 그려놓은 수채화인가 보오

# 늦은 봄

산은 어깨 위에 하늘을 두르고
시시각각 푸르름을 더한다
연두 초록 알록달록 기세도 좋다

별인 양 아름답게 빛나던 꽃
바람에 속절없이 휘날리며
다음을 기약하는 완숙한 꽃잎
무수히 길가에 쌓이는데
발로 밟긴 너무 애잔해
귀 기울여본다

내년에 다시 만나요 속삭인다
기약할 수 없는
어정쩡한 약속을 하며

그렇게 봄날은 간다

## 청록예찬

넌 짙푸른 바다 파란 물결
햇살 가득 쏟아지면
생명의 찬란한 향연
살랑이는 바람과도 아름다운 하모니

넌 당당한 청년
싱그럽고 상큼한 젊음의 깃발
저물어가는 노을에게도
위로이고 소망이어라

## 이름 모를 꽃

당신은 누구십니까
집 베란다 보라색 화분에 심겨진
이름 모를 꽃

해살해살 햇살만 머물 뿐
특별한 자양분도 없는데
동지섣달 칼바람 지나 봄 다 가도록

등줄기 곧게 세우고
파란 치마 곱게 두르고
가시 둘러 스스로 지키면서

두 송이 네 송이 여덟 송이
진녹색 연녹색 치마
진분홍 연분홍 저고리
계절 따라 옷 갈아입고
방긋방긋 웃으면서 노래하는 그대
온몸으로 주기만 하는
당신은 누구십니까

## 여름날의 합창

삼복더위면 꼭 찾아오는 음악대
반주도 지휘도 없는 아카펠라 합창단
전국을 들썩이는 여름날의 공연

햇빛 치열한 여름 가로수 그늘 길은
입장료 없는 공연장이 된다

청아한 음률 곡조는 마치 오페라 합창
큰 소리로 찌르르 노래를 한다
쉼표가 있는지 숨을 뚝 멈췄다가
누군가 소프라노 선창을 하면 일제히 합창이다
지휘봉에 맞춘 듯 풀잎마다 나무마다 합창이다

합창은 바람 없는 땡볕 여름날의 그늘이 된다
아름다운 연주가 열 받은 도시를 추스른다

# 5 부

살며, 사랑하며

## 호수의 추억

나 어릴 때 우리 마을 앞에 예쁜 호수가 있었지

언덕엔 아카시아꽃 향기 만발하고
예쁜 호수엔 가끔 파란 물총새가 놀았어

물총새 놀다 날아가면
호수는 물주름을 짓곤 했지

물안개 피고 저녁노을 질 때
가끔 흔들리는 어깨를 보일 때도 있었어
외로운 밤이 온다고 속울음을 울었을까

겨울에 호수가 꽁꽁 얼면
아빠가 만들어 주신 썰매를 오빠와 함께 타고
마냥 즐거웠었지

앞 동네 오빠가 부르던 휘파람 노래
풀피리 소리가 아련해 귀에 들려오는 듯
이렇게 추억은 늙지도 않고 어제 일만 같구나

## 생각이 머무는 날

그땐 그랬습니다
슬프고 고독한 여정이었습니다
어둠 배인 가슴 안고
가만히 울음을 삼키며
마음 저미던 그날들

삶의 선물이라기에
하얀 거짓말일지라도
아름다운 사랑이라
승화시켜 살았답니다

지워도 지워지지 않고
읽어보려 해도 끝이 없던
당신, 당신의 마음
백지로 보내온 편지이지만
절절한 그리움이기에
사랑의 편지로 고이 간직하렵니다

## 사모곡(思母曲)

인생길 여기까지 와 있는데
불러만 보아도 뭉클합니다

어릴 적 밭에 가시며
밥 먹어라, 찰밥 지어 마루 찬장 넣어두시고
나가고 들며 한 술씩이라도 먹어라
살뜰히 챙기시던 어머니

약혼한 딸 시댁 어른들 앞에서
건강해야 사랑받는다고
보약 챙겨 먹이시던 어머니

전쟁 피난민들 밥 얻으러 오면
보릿고개에도 빈손으로 보내지 않으시던
나의 착한 어머니

어머니 그 사랑 어디에 견줄까요
한없이 넓고 깊은 어머니 사랑
글로는 다 표현하기 어렵습니다

우리들 낳아 기르시고
우렁각시 되어 가신 울 어머니

그리운 나의 어머니
보고 싶어 눈물이 납니다

## 친구가 보고 싶다

밝고 고운 햇살이
구름 사이사이 눈부시게 내린다

설레는 마음으로 창을 열어
높고 파란 하늘 바라보니
바람은 산들산들 흰 구름 두둥실

언제부터인가
회색 하늘 머리에 이고
파란 하늘 그리워하며 살았는데
마침 눈부시게 아름다운 쪽빛 하늘이다

문득 친구가 보고 싶다
따르릉 전화다
친구네, 만나자고

행복한 날
파란 하늘 하얀 구름
사이사이로 햇살이 눈 부신 날

## 여보게 친구

지나간 세월 눈보라 비바람 속에서도
흔들림 없이 잘 해오지 않았나 친구

파란 하늘 너머 무지개 보며
파랑새처럼 날아오르리라는 마음으로

파란 호수에 은물결 춤추듯
강남 갔던 제비 날개에 봄소식 적어 오듯

제 몸 하나 추스르기 힘든 때 왔다지만
눕지 않고 그루밭에 있지 않나 친구

지구 여행 끝나는 날
누구에겐 끝이고 누구에겐 시작인 날 쉬이 오리니
시의 향기에 취해 노래 부르며 가보세
어차피 가는 인생이라면

## 친구들에게

보약 같은 친구들, 고맙소

우리 한 교회 안에서
한결같은 믿음으로 주 섬기며 살아온 길
뿌듯하고 감사하며 행복했어요

언젠가는 부르심 따라 헤어져야 할 그대들
고마워요, 친구 해줘서

나로 인해 섭섭하고 불쾌한 일 있었겠지요
미안해요 다 내 부족한 탓이라오, 용서하구려

인생이란 여행길에
밤하늘 별빛 같은 그대들 만나
여기 황혼까지 길 잃지 않고 강건하게 올 수 있어
기쁘고 행복해요, 노을이 풍요롭네요

여정이 평안하길, 주님의 축복 있기를
그대들 만나게 하신 주님께 기도합니다
보약 같고 별빛 같은 친구들이여, 샬롬

## 가정의 달

집안 가득
카네이션 향기 그윽한 날
나의 보석
아들 며느리 딸 손자
식탁에 둘러앉은 아름다운 빛깔
오순도순 꽃송이들의 하모니
어미의 귀엔
클래식 음률인 것을
이 또한 행복이요 사랑이어라

## 며느리에게

내 어머니가 생각난다
꽃 중의 꽃은 사람이라던

이제 보니 네가 꽃이었더라
직장에 출퇴근하면서도
군소리 없이 하하 호호
긴 세월 가족 섬기니 고맙다

쉬는 날이면 어김없이
산 좋고 공기 좋은 곳 드라이브
살뜰히 보살피는 네 모습 아름답다

네가 내 며느리어서 좋다
널 내 며느리로 주신 하나님께 감사드린다
너와 함께하는 삶은 날마다 꽃길이란다
고맙고 사랑한다

꽃 중의 꽃 네가 사랑의 꽃이다

## 딸이랑

유월의 어느 주말
가을 닮은 바람이 분다
딸이 옆에 와 손잡아준다
아들딸 눈엔 역시 노인네인가 보다
마음은 아직 청춘인데

공원 숲길을 걷는다 참 좋다
숲속 벤치에 앉아 사진 찍기
아기단풍들 재잘대는 소리
공중 나는 철새들의 군무
숲속 은밀한 곳 발걸음 멈추게 하는
아롱다롱 아기 닮은 야생화 군락
갈대 품은 호수

이들을 뒤로하고
이른 저녁을 맛나게 먹고 책방에 간다
책 다섯 권을 건네며
한 달에 읽으라 숙제 준다
감동한 구절, 문자 보내기도 숙제

마트에서 간식거리
고구마 골드키위 한가득

철든 딸은 힘들어도
철없는 늙은 엄마 수지맞은 날
배시시 행복하다

## 세상의 딸들에게

딸들아, 힘들지
아내로 엄마로 며느리로
살아내기 힘들지

그럴 거야 그러겠지
그래도 참고 웃으며 견뎌내는 딸들 대견하구나
너무 힘들지 않았으면 좋겠다

조금 차이는 있겠지만
삶이란 거기서 거기
넘어질 수도 있고 지치면 쉬어도 괜찮아

너희 딸들이 있다는 이유만으로도
세상은 이만큼 따듯하고 평온한 세상
아름답고 살만한 세상이란다

고맙고 멋진 귀하고 예쁜 딸들아

## 효도여행

손자 중3 겨울방학
살뜰히 챙기는 며느리 고마워서
멀리 가족여행 보내고 싶었는데

손자가 하는 말
가족여행에 할머니가 왜 빠지나요
그럼 가족여행이 아니잖아요
할머니 안 가시면
저도 안 갈래요

손자 맘씨에 감동해서
두말 않고 먼 길 따라나섰네
행복한 할미의 효도여행

## 어느 햇살 좋은 날

오르막 내리막길 걷다 보면
어느 결에 아들 와 손잡아주네

며느리가 신경 쓰여
뒤돌아보면

며느리도 저 아들 손 잡고
뒤따라오네

두 모자의 여행길은
햇살만큼 따듯하고 편안하다네

## 시인의 길

인생의 겨울
나목에 제때 떨어지지도 못한
가랑잎 되어 부서져 가는 아픈 계절

오감은 마모되고 마음에 보석 빛났던 시어들은
추수가 끝났을까 찬바람만 윙윙대는 시린들녘

어차피 모든 생명체는
시간 속에 피고 지는 꽃잎과 같은진대
인생이라고 다를까

그리할지라도
마음 밭에
꽃씨도 부륨도 심어본다
봄날에 목마름으로
마음은 하얀 설레임위에
절절한 사연을 푸른 그리움으로
초록빛깔의 시를 이 땅에 쓰고 싶어라

□ 해설

# 생명력있는 구원의 시, 성찰의 삶 흔적 남기다
— 김현숙 시집 『노을의 노래』

### 한 화 덕
시인·수필가·한 여울 문학 대표


 솔향 김현숙 작가는 제1시집 『마음에 떠다니는 이야기들』의 글의 모음에 이어 제2시집 『노을의 노래』를 상재 하심에 깊은 축하의 말씀을 드린다.

 부지런하시고 끊임없이 소리없는 정적의 발길이 이어져

 1부 나의 기도 나의 시 (10편)
 2부 노을의 노래 (19편)
 3부 꽃, 바람, 하늘 (31편)

4부 가을 겨울 봄 여름 (34편)
5부 살며 사랑하며 (13편) 으로 총 107편이다.

솔향 작가는 9 순을 목전에 두고 있으며 슬하에 2男 1女를 두셨다. 굳고 곧은 심성의 엄격한 교육관으로 일관하여 훌륭히 자녀를 가르치시어 이 사회의 본보기와 귀감이 되어 오셨다.

솔향의 삶의 행보는, 시는 1주일에 2~3편 쓰시고 이해인 시를 좋아하며 도야라(日)의 시를 읽으신다. 주변의 불광천을 1주일에 3회 정도로 하루 4-5000보나 걸으시는 조용한 침묵의 내공의 에너지가 있다. 범사에 감사와 기쁨의 인사를 늘 표현하며 삶을 영위하는 김현숙 권사님은 하늘의 소임에 따라 신임 권사(서부제일교회)로 수행하며 지내오면서 지금은 은퇴 권사로 행복해하신다.

글의 문장력은 수려하며 소녀적 감성을 지니시어 시의 성장 속도가 높았다. 시란 이 세상 살고 난 삶의 흔적을 책의 문양으로 남겨두고자 글을 남긴다고 하신다. 시는 솔향에게는 감성의 밭에 가꾸는 자신만의 에너지 공간이며 시를 쓰지 않으면 감성이 없는 빈집과도 같아 공허하다 한다. 이제는 성찰의 시간 속에 마지막 내려진 과업이라 여기며 삶의 일기장과도 같은 이야기가 107편으로 쏟아진다. 지금 이 순간 전율이 오며 가슴 뭉클해진다.

## 1부. 시가 피어나다

초록카페에 앉아 글꽃을 심으시는 작가의 모습이 그려진다. 마음속에 시어의 꽃잎을 모은다. 삶의 실타래를 오색으로 엮어 물들인다. 무슨 꽃의 향기를 피울까. 독자는 궁금해진다.

**꽃이 좋아 꽃을 기르는 할머니는
글 중에 꽃은 시라 하기에
글 꽃을 피우려 돋보기 쓰고 책상 앞에 앉는다**

**세월 속에 켜켜이 쌓인 흔적
삶의 오색 실타래를 노래로 꽃 피우려
마음속 꽃잎을 모은다**
— 「글 꽃」에서

누군가에게 위로와 쉼이 되는 시의 생명력을 갈구하며 구원의 시를 쓰길 바라는 솔향 작가는 뚜렷한 시의 가치가 작품 속에 내재되어있다.

   누군가의 시는
   어느 시인을 살렸다는데

   나의 시는 누군가에게 위로가 되고
   쉼이 되었음 좋겠네

   그런 시가 된다면
   그에게 구원이 될 수도 있을 텐데

   얼마나 좋을까
   그런 시를 쓸 수만 있다면
   날 구원하신 주님도 기뻐하실 텐데
                      ― 「나의 시」에서

그러면서 그 속에 온통 하얀 구름의 설산과도 같은 풍경 속에 색색의 꽃의 향연은 무궁화 금계국 개망초가 있는 명산이 되고 시 쓰는 마음은 꽃을 가꾸는 일이다. 풀 한 포기 소중히 여기며 시 쓰는 것은 부여받은 특권이라

노래한다.

   목화꽃 닮은 하얀 구름은
   파란 하늘에 설산을 만들고

   무궁화 백일홍 금계국 개망초 흐드러지게 피어나
   꽃들의 향연, 명상의 공간이 된다

   하늘과 땅, 나무와 꽃
   언덕 위 작은 꽃들이 말을 걸어오면
   내 마음은 온통 시가 된다

   시 쓰는 마음은
   꽃을 가꾸는 일이다
   풀 한 포기 사소하게 여기지 않고
            － 「시 쓰는 마음으로」에서


## 2부. 하늘의 순리에 따르는 노을 길

 하늘의 순리에 따르는 노을 길을 곱게 밟으
시는 모습으로 행복하게 걸으며 가는 인생길

의 여정이다. 그 빛의 길은 마음이 열려있어 보이지 않는 입체 교차로 하늘 정거장에서 삶을 뒤돌아 꽃피고 지는 찬란했던 지난 계절 지나 나목으로 선 시린 삶의 겨울을 보며 이 모두가 창조주님께 다가서기 위한 길이라 생각한다. 자신의 길은 뜻이 있는 길이며 꿈과 이상의 세계가 있는 현실세계이다. 그 빛의 길 따라 쉼의 공간 속에 오늘도 노을길 앞에 서서 마음을 점검하고 내 마음의 길 찾아 나를 객관화하며 나를 바라본다.

　　꽃 피고 지고 찬란했던 계절 가고
　　나목으로 선 시린 삶의 겨울

　　인생 겨울 깊숙이 와보니
　　늙는다는 것은 오히려 참 쉼

　　고요하고 평화롭네요
　　저녁노을 고운 빛깔처럼
　　…
　　저녁노을은 창조주께서 주신 축복의 시간
　　참 쉼과 기쁨, 감사의 시간
　　　　　　　　　　— 「저녁노을」에서

꽃이 머문 자리에는 향기로운 열매 맺고 꽃이 진 자리는 쓸쓸한 여운감지나 머물러 얻는 기다림의 시간은 꽃의 화려한 발자국이다. 머문 자리에는 무엇이 일고 피는가. 꽃이 머문 자리 마음이 머물고 사랑이 머문다. 그리고 인생의 삶이 핀다. 열망 속에 이루지 못한 이름도 없고 젊음의 푸른 아성도 없다. 빈 가지 위에 낙엽 꽃은 이제 바람꽃이 되어 이별꽃이 된다. 차마 울지 못하는 마음 가상도 하구나! 낙화의 독백이여!!

때를 알고 가는 이의 뒷모습
얼마나 아름다운가

아름다운 꽃으로 피어
눈부신 사랑을 주기도 받기도 했으니
그것으로 되었다

미련한 욕망은 추하다
길을 잃게 한다

꽃이 져야 열매도 맺고
겨울도 나는 것

손 흔들어 배웅하는 나뭇가지를 보라

차마 울지 못하는 맘
가상도 하구나
떨구는 꽃잎이 헛헛하다
― 「낙화의 독백」 전문



  나의 삶의 색깔은 무슨 색일까? 내 삶의 문양은 어떤 모양인가? 보라 닮은 핑크색인가?, 노을 닮은 황금빛인가? 색을 통해 바라본 마음의 움직임을 만나는 시간 내가 너의 이름을 불러주었을 때 너는 나에게로 와서 꽃이 되어준 김춘수의 「꽃」의 시처럼 누군가에게 보여진 나의 이미지색이다.
  색이 없는 무색의 향기도 있지만 색을 지니는 향기도 있다. 향기가 색이 없을 때 지니는 가치도 있지만 순수의 이미지를 떠나 색이 지니는 개성도 중요하다. 남이 잘 보기 힘든 '회색'의 가치를 재 평가하는 솔향 김현숙 작가님의 색의 관조 觀照이다. 내면의 모습을 읽어내는 바라봄이며 드려다 보기이다. '나의 향기' '그의 향기' '그녀의 향기' 읽기이다.

색의 향기란 묘한 매력을 지니고 가슴으로 다시 만나고 눈에 보이지 않는 현상 보이지 않는 현상을 읽어내어 사람의 향기를 재 유추할 수 있는 마력이며 작가가 시를 바라보는 시안 視眼이다.

혼자일 땐 기품이 있고 우아하다
게다가 세련되기까지

함께일 땐 겸허하다
다른 색이 선명하고 빛나게 바탕색이 되어준다

겸손과 배려, 기품
은회색이 좋다
　　　　　　ㅡ 「은회색 찬가」 전문

내 속에 나를 만나다. 나와 다시 만나는 것, 내면의 성찰의 시간을 갖는다. 길에서 자신을 보고 자연 속에 나를 발견한다. 인간의 삶속에 해야할 일을 점검한다. 내가 나를 본 것은 나의 겉모습인가 아님 또 다른 나의 모습인가 나와 다시 만나는 오늘 자신의 존재를 발견한다. 나의 모습은 어떤가 나의 마음의 양상을 자연을 통해 나를 보고 재발견 한다. 삶은 예행연습이 없기에 늘 준비하고 다듬고 내면을 보는 자아 발견이다. 구순을 목전에 보는 이때에도 솔향은 늘 끊임없는 소나무의 맑고 향긋한 늘 푸른 향기를 지닌 채 삶을 영위한다.

    **아침 안개 자욱한 산길을 걷다**
    **내 속에 나를 만난다**

    **말 그릇을 점검하며**
    **겸허하게, 나답게 살라 한다**
    **내 속 나를 만남이 힘겹다**

    **또 고요히 다독인다**
    **괜찮아 어제는 그렇게 성찰하며 보내주고**
    **최선 다해 예쁘게 오늘을 사는 거야**
    **부끄럽지 않게**
                        ― 「나를 만나다」에서


## 3부. 빛의 꽃으로 피어나는 시의 환유성

  사물의 상징적 내포성에서 시 「가로등」의

의미는 어둠에 홀로서 허공을 지키며 서 있는 파수꾼으로 길의 등대이다. 길을 잇는 이정표이며 기다림의 정거장 그리움의 간이역이다.

김현숙 작가님의 「가로등」은 명상의 빛에서 사물의 육화 肉化 되어 어둠속에 존재하는 '빛의 꽃'으로 피어나는 역발상적으로 시의 환유성에 있다.

하늘 / 별 / 바람 / 연인의 추억 / 희망의 꽃 / 영혼의 꽃으로 피어나는 일출에서 일몰까지 흔들림 없이 피는 '밤에 피는 꽃'이다.

넌 어둔 밤에만 피는
외로운 꽃이더냐

난 외롭지 않아요
고요만 남은 밤
하늘 별들이 내려와 친구 하자 소곤대고
세상 소식 듣고 와 바람도 놀아줘요

밤에만 피는 꽃 가로등은
젊은 연인들에겐
아름다운 추억으로
삶에 지쳐 비틀대는 영혼들에겐

길을 밝히는 희망으로
주어진 자리에서 최선을 다하는 모두의
발길을 밝혀주기 위해 피는
응원과 위로의 꽃이랍니다.

그래서 넌 흐리고 비가 내려도
시린 겨울밤 눈보라 쳐도
해 지고 다시 뜨기까지
어둔 밤을 밝히며
흔들림 없이 피어 있구나
고맙게도 그렇구나」

― 「가로등」 전문

나무의 일생처럼 삶은 기다림의 연속이다. 자연의 순리에 따라 계절이 흐르고 나도 가고 너도 가는 계절을 맞이하고 보낸다. 겨울나무가 '꽃피는 봄이 다시 올 거야'라는 믿음의 약속을 그 오랜 시간 속에 주었듯이 솔향 김현숙 작가님의 한걸음 한걸음 내딛는 신념은 내 온몸이 초록이 되었고 꽃이 되고 잎이 되었다. 가랑거리는 깊은 가을날에서 겨울 숲의 빈 몸이 되어 자연의 근원으로 돌아가는 초연함과 당당함으로 내가 존재하는 또 하나의 신념의 세계가 되었다.

　흐르고·빛나고·멈추고·오르는 것·하늘과 땅 위에 늘 기다리는 자세의 가슴을 여는 한 그루 나무처럼 유여한 쉼의 한그루 희망의 불꽃같은 나무를 본다.

　　한때 나무는 절정의 꽃이었어
　　오로지 꽃이 되기 위해 존재한 것처럼
　　꽃향기로 곱게 세상을 밝혔지
　　허나 꽃은 다 쏟아졌어

　　나무는 이내 온몸을 초록으로 물들였어
　　가지마다 초록 물결은 싱싱한 생명의 축제였어

　　그러다 가을이 되자 다시 불태웠어
　　화염처럼 불타오르던 잎새들은
　　스산한 거리를 일렁이는 불꽃으로 가득 채웠어

　　이렇게 나무는
　　매 순간 자신을 다 쏟아내고는 빈 몸이 되었어
　　그렇게 가을은 허무를 남기고 갔지

겨울나무는 생각해
꽃 피는 봄이 다시 올 거야
　　　　　　　— 「나무의 일생」 전문

　밤의 하늘은 무한한 공간 속에 잠시 나를 보고 나를 찾는 길. 움직이는 빛 따라 어둠 속에 살아있는 빛의 길 따라 내 마음은 어둠 속에서 나를 다듬어가는 희망의 길이다.
　하늘에 빛이 반짝이는 이유는 아름다운 꿈을 꾸는 자를 위한 하늘 숲의 사랑이다. 어둠 속에 빛의 다리를 밟고 빛의 터널 지나 영혼의 비단길 위로 '그리움의 노래'를 시로 읊을 수 있는 시인의 노래가 있기 때문이다.
　'애틋한 사랑' '고고한 사랑' '별빛의 노래'가 있는 「밤하늘」의 시이다.

멀리 반짝이는 애틋한 사랑이 있어
그 사랑 더더욱 빛나도록
이토록 까만 융단을 펼쳐 놓으셨군요

고고한 그 사랑 알아볼 수 있게
절절한 그리움 곱게 밟고 오라고
곱디고운 까만 융단을 깔아 놓으셨군요

시 쓰는 자에겐 시가 되고
노래하는 자에겐 노래가 되는
까만 밤 작은 별빛

─ 「밤하늘」에서

　자연의 운행질서는 천체의 기상 움직임으로 지기 地氣, 땅의 움직임의 조화로움으로 읽는다. 하루의 시작은 빛의 시작 새벽의 발걸음으로 어둠이 낳은 첫 아침으로 만물이 깨어나고 고요히 듣는 아침 여명의 소리를 듣는다. 새벽은 시작의 문으로 부지런함이 있고, 하루의 시작의 기도가 있는 아침을 맞이하고, 희망이 있고, 마음의 소리를 듣는 고요한 하루가 새벽 안개 속에 피어난다.
　「새벽」은 붉은 해가 여명의 붉은 종소리로 깨우는 '장엄한 숨결'이라고 작가는 말한다.

여명이 밝아오면
칠흙 같은 어둠은 저만치 물러가고

부지런한 새벽이 뚜벅 걸어 나오면
만물은 꿈에서 깨어난다

새벽을 따라나선 붉은 해가 우렁차게 솟으면
장엄한 숨결이 가슴 가슴마다 굽이친다

새벽은 살아있는 것들의 희망
그렇게 새벽은 생명을 깨운다

― 「새벽」 전문

## 4부. 사물에 대한 관조 觀照, 시의 색채 이미지

　설원에 피는 동백꽃. 나무에 한 번 땅에 한 번 두 번 피는 꽃, 꽃이 시들어 땅에 낙화하는 것이 아니라 이별의 순간에도 붉은 사랑, 간직한 채 시린 사랑을 한다는 것이다.
　사물에 대한 관조와 시의 색채 이미지가 잘 묘사된 향기로운 설원을 물들이는 하얀 설레임, 푸른 그리움의 열정을 담은 붉은 사랑 얘기다.


　하얀 설원에

빨간 동백꽃

나무에서 한번
땅에서 또 한 번
두 번 피는 그대

어떤 시린 사랑이기에
이별이 그리도 서러워

하염없이 바라보며
일렁이는 눈물

새빨간 정열의 향기로
설원을 물들이네

— 「동백꽃」에서

## 5부. 초록 빛깔의 시를 이 땅에 쓰고 싶은 시인

 생각이 머무는 날 백지로 보내온 편지, 삶의 여정의 시간 속에 고독한 슬픔이 밀려오고 하얀 거짓말일지라도 삶의 선물처럼 백지로 보내온 님의 편지. 아름다운 사랑으로 승화시켜 절절한 그리움은 지금 다시 샘솟듯 일어나는「생각이 머무는 날」지난 삶의 이야기이다.

    그땐 그랬습니다
    슬프고 고독한 여정이었습니다
    어둠 배인 가슴 안고
    가만히 울음을 삼키며
    마음 저미던 그날들

    삶의 선물이라기에
    하얀 거짓말일지라도
    아름다운 사랑이라
    승화시켜 살았답니다

    지워도 지워지지 않고
    읽어보려 해도 끝이 없던
    당신, 당신의 마음
    백지로 보내온 편지이지만
    절절한 그리움이기에
    사랑의 편지로 고이 간직하렵니다」
            — 「생각이 머무는 날」 전문

사랑이 오붓한 가족애의 3편의 시를 보고 시는 아름다운 마음의 꽃의 결정체임을 알겠다. 「꽃 중의 꽃 네가 사랑의 꽃이다」

   내 어머니가 생각난다
   꽃 중의 꽃은 사람이라던

   이제 보니 네가 꽃이었더라
   직장에 출퇴근하면서도
   군소리 없이 하하 호호
   긴 세월 가족 섬기니 고맙다

   쉬는 날이면 어김없이
   산 좋고 공기 좋은 곳 드라이브
   살뜰히 보살피는 네 모습 아름답다

   네가 내 며느리어서 좋다
   널 내 며느리로 주신 하나님께 감사드린다
   너와 함께하는 삶은 날마다 꽃길이란다
   고맙고 사랑한다

   꽃 중의 꽃 네가 사랑의 꽃이다

— 「며느리에게」 전문

유월의 어느 주말
가을 닮은 바람이 분다
딸이 옆에 와 손잡아준다

공원 숲길을 걷는다 참 좋다
숲속 벤치에 앉아 사진 찍기
아기단풍들 재잘대는 소리
공중 나는 철새들의 군무
숲속 은밀한 곳 발걸음 멈추게 하는
아롱다롱 아기 닮은 야생화 군락
갈대 품은 호수

이른 저녁을 맛나게 먹고 책방에 간다
책 다섯 권을 건네며
한 달에 읽으라 숙제 준다
감동한 구절, 문자 보내기도 숙제

마트에서 간식거리
고구마 골드키위 한가득

철든 딸은 힘들어도
철없는 늙은 엄마 수지맞은 날
배시시 행복하다

  — 「딸이랑」에서


오르막 내리막길 걷다 보면
어느 결에 아들 와 손잡아주네

며느리가 신경 쓰여
뒤돌아보면

며느리도 저 아들 손 잡고
뒤따라오네

두 모자의 여행길은
햇살만큼 따듯하고 편안하다네」

  — 「어느 햇살 좋은 날」 전문

### 노을의 노래
### 김 현 숙 시집

2025년 10월 30일 인쇄
2025년 10월 31일 발행

지은이 김 현 숙
펴낸이 신 용 호
펴낸곳 창조문학사

서울 서대문구 홍은동 397-26 동천아카데미 5층
등록번호 제1-263호
　　전화 374-9011, Fax 374-5217
공급처 한국출판협동조합 전화 716-5616~9

저자와 협의에 의해 인지를 생략합니다.
파본은 바꾸어 드립니다.
　　값 10,000원
　　ISBN 978-89-7734-820-2